SOUVENIRS D'ASSISE

Contemplée de la colline d'Assise, l'Ombrie apparaît comme un immense lac de verdure, un jardin clos d'une végétation puissante mais allégée et comme idéalisée par le feuillage argenté des oliviers. C'est dans cette vallée si calme, si douce, que la voix de Jésus a trouvé son plus fidèle écho, ses exemples leur plus parfait imitateur. Nulle part on n'a plus aimé ni mieux aimé ; nulle part on n'a vécu d'une vie plus véritablement évangélique, toute de pureté et de bonté, de joie et de liberté sainte.

Je traversai les vieilles rues d'Assise et descendis la petite côte raide, aride, qui mène à Saint-Damien. Ma première visite ne serait point pour la basilique, châsse merveilleuse, trop splendide même, où se trouvent les ossements, non l'esprit de François; elle serait pour Saint-Damien, car Saint-Damien, c'est François lui-même, son humilité et sa pauvreté et son amour angélique pour l'angélique amie. Je revis la pauvre petite chapelle que François répara de ses mains, l'humble réfectoire où retentit pour la première fois le Cantique du Soleil, le jardin de quatre pas de long où sainte Claire cultivait quelques fleurs. Saint-Damien est encore aujourd'hui à peu près tel qu'au treizième siècle ; il a été providentiellement préservé des ridicules embellissements qui défigurent, déshonorent Sainte-Marie-des-Anges. Mais l'enthousiasme qui remplissait le cœur de François et de Claire, qu'est-il devenu ? Qu'est devenue l'ivresse mystique qui les exaltait sans les fanatiser, qui les remplissait d'une joie indicible sans les absorber et les rendre moins attentifs, moins compatissants à toute misère, à toute souffrance ?... Là où ces âmes de feu se consumaient d'amour, la mienne restera-t-elle insensible ? Là où coulait à pleins bords le fleuve de la

plus entraînante poésie, demeurerai-je
le cœur desséché comme la route rocail-
leuse que de nouveau je foule aux
pieds ?..... Je m'arrêtai et tristement
m'assis sous un vieil olivier. Un coup
de vent fit vibrer le feuillage ; je
prêtai l'oreille au léger murmure.....
il me sembla que l'arbre m'adressait
ces paroles : « Pauvre frère humain,
« pourquoi ton cœur est-il ainsi triste
« et découragé ? Tu voudrais ressus-
« citer en toi la naïve simplicité
« et les transports d'un François et
« d'une Claire ? Tu ne le peux plus !
« Tu ne le pourras jamais plus ! Six
« cents années se sont écoulées, · le
« monde a progressé, la science a
« pénétré de ses rayons les corps

« les plus opaques, elle a dissipé les
« mirages, fait évanouir les légendes
« et les mythes. Ne pleure pas de
« la sorte, mon frère ; contemple,
« comme François, la divine nature.
« Vois, lorsque nous sommes jeunes,
« notre tronc est lisse, régulier, mais
« l'implacable soleil nous inonde
« bientôt de ses rayons. Nous résistons,
« nous protestons, nous nous tordons
« douloureusement, notre bois éclate ;
« il ne reste plus de nous que des
« lambeaux d'écorce et quelques
« racines qui adhèrent à peine au sol.
« Sommes-nous anéantis ? Nullement ;
« nous n'en donnons pas moins aux
« hommes notre délicat feuillage et
« nos fruits si doux. Pauvre frère

« humain, fais de même ! Que le Soleil
« divin que tu appelles Science, Raison,
« fasse voler en éclats par son irrésistible
« énergie tes faibles idées et tes petits
« systèmes, si chers te soient-ils, si
« commodes, en apparence si indis-
« pensables, n'en prends point souci ;
« quand même, donne à l'Humanité
« tes fleurs et tes fruits. »

Et je pensai: Frère l'Olivier a raison.
Et je me mis à lire la Vie du petit
pauvre de Jésus-Christ ; puis, après
avoir jeté un dernier coup d'œil sur le
cher Saint-Damien, je gravis lentement
la colline et me dirigeai vers la ville.
Bientôt je fus rejoint par un bon capucin
avec lequel, entremêlant le latin, l'italien
et le français, j'engageai la conversation.

J'aime les capucins, surtout les vieux capucins, chez qui l'expérience des âmes a remplacé les formules scolastiques. Les formules subsistent bien dans leur esprit et sur leurs lèvres, mais l'âme vivante s'en distingue comme le corps, d'un vêtement de commande ; elle les dépasse et, inconsciemment, n'en tient nul compte dans la pratique. Mon vieux capucin, s'il connaissait les systèmes actuels et savait parler le langage moderne, appréciait et jugeait les choses comme les eût jugées un des compagnons du Christ, descendant avec lui de la montagne. Aussi lui fis-je part promptement du sujet qui me remplissait l'esprit.

— Je n'aime pas, répondit-il, jouer le rôle d'un prophète et sonder l'avenir, mais cet avenir, je l'affirme, s'il n'est pas un retour à la barbarie, à l'animalité, acclamera toujours notre séraphique Père comme un initiateur, un précurseur. Les hommes, en effet, le comprennent de plus en plus clairement : leur nature est une réalité à double face, à la fois individuelle et collective; ils ne doivent donc jamais négliger, sacrifier l'un ou l'autre de ces deux aspects. Vivre de la manière la plus intense et la plus harmonieuse et en même temps vivre pour les autres; être soi-même, affirmer sa personnalité, mais ne point s'isoler de ses frères, ne pas prétendre échapper à cette loi d'association qui est la loi universelle et des corps et des esprits, voilà ce que tous acceptent et proclament, en théorie du moins, ce qui est cependant un progrès. Or nul n'a été plus lui-même que saint François, plus personnel, plus original, plus inébranlable dans sa conviction, plus ardent à défendre son inspiration individuelle.

« Personne, dit-il dans son Testa-
« ment, ne me disait ce que j'avais à
« faire, c'est Dieu lui-même qui me
« révéla que je devais vivre selon le
« modèle du saint Evangile. » C'est à ce point qu'on a parlé de saint François comme d'un laïque dans le sens moderne du mot, vivant en dehors, à côté de l'Église, parallèlement à elle,

une sorte de protestant avant la lettre.
Quelle fausse idée ! Rappelez-vous ses
rapports avec le pape Innocent III
auquel il s'empresse d'aller demander
la confirmation de sa règle, avec le
cardinal Hugolin, le futur Grégoire IX;
écoutez-le dans son Testament :

« Le Seigneur Dieu me donna et
« me donne une si grande foi aux
« prêtres qui vivent selon la forme de
« la sainte Eglise romaine, à cause
« de leur caractère sacerdotal, que,
« même s'ils me persécutaient, je veux
« avoir recours à eux. Et quand bien
« même j'aurais toute la sagesse de
« Salomon, lorsque je trouverai de
« pauvres prêtres séculiers, je ne
« prêcherai dans leur paroisse qu'avec

« leur assentiment. Je veux les res-
« pecter, les aimer et honorer. Je ne
« veux pas considérer leurs péchés, car
« en eux je vois le Fils de Dieu ; ce
« sont mes Seigneurs. » Un individu,
certes oui, François le fut dans toute
la force du terme ; un individualiste,
non. Il vécut dans et pour l'Église ; il
la servit sans s'asservir, sans jamais
prendre cette attitude de pure passivité
qui serait, à en croire certaines per-
sonnes mal informées, normale,
obligatoire pour un catholique.

— De sorte que, répondis-je, ici
comme en tant d'autres circonstances,
se résolvent par la vie réelle des anti-
nomies insolubles par la raison
théorique seule. Comment concilier

l'individu avec la collectivité ? Or, de fait, François fut tout ensemble individu complètement développé selon sa loi propre et catholique parfait selon la loi commune.

— C'est cela même, reprit le Père; sa vie, en effet, a merveilleusement résolu l'apparente contradiction qui tourmente bien des consciences; elle nous permet de conjecturer le caractère du catholicisme de l'avenir. Ce ne sera ni le catholicisme despotique que trop souvent nous vîmes à l'œuvre, ni le protestantisme individualiste, ni l'appel à la seule conscience subjective indépendamment de toute tradition et du développement religieux historique de l'humanité, mais l'aide sociale providentielle offerte à l'individu, le respectant, le complétant, ne l'annihilant jamais. « Les rois « des nations, disait le Christ à ses « Apôtres, les traîtent en maîtres, en « dominateurs. Qu'il n'en soit pas « de même parmi vous, mais que le « plus grand se fasse le plus petit, que « celui qui gouverne soit comme un « serviteur. » (Luc. XXII, 25).

— Oh! la belle, la trop belle parole, m'écriai-je, et de quel cœur j'adhère à l'Église catholique ainsi conçue ! Avouez, mon Père, que l'acte de foi le plus méritoire que puisse faire de nos jours un catholique, c'est de croire que l'Église actuelle renferme cette Église idéale, comme la chrysalide sombre et difforme le gracieux papillon.

— Je ne le nie point, mon ami ; c'est à l'Idéal, en effet, que doit toujours s'adresser notre foi. Voilà pourquoi ceux qui sont tentés de rompre avec l'Église commettent une déplorable confusion ; ils ne distinguent pas entre l'idée de l'Eglise et les apparences qu'elle a revêtues ou revêt ; or, ces réalisations extérieures n'ont, comme disent vos philosophes, qu'une valeur toute phénoménale, relative, transitoire.

— Je le comprends, mon Père, mais puisque vous avez eu l'extrême bonté de me parler à cœur ouvert de ces matières délicates, permettez-moi une nouvelle interrogation. Pensez-vous vraiment qu'un nouveau saint

François soit possible dans l'avenir ? De même que nous, civilisés, tout en respectant le sentiment qui les anime, nous répugnons aux excentricités des fakirs, l'humanité future ne répugnera-t-elle point à cette naïveté, à cette pauvreté admirables, je le veux bien, mais peu ou pas imitables ?

— Aussi bien, mon cher ami, le nouveau François n'apparaîtra-t-il pas sous les mêmes dehors, puisqu'il ne croîtra et s'épanouira point dans les mêmes conditions. « La grâce de Dieu « a des formes diverses », dit saint Pierre, et saint Paul : « L'un de cette « manière, celui-là de telle autre. » Je n'admire le détachement absolu de saint François que parce qu'il fut de sa part une manière spontanée et joyeuse de briser avec la société barbare, égoïste, de son temps. Puisque, de fait, ce procédé fut compris et admiré de tous, puisqu'il fut efficace, acceptons et admirons. Mais nous ne sommes nullement obligés de voir là une règle absolue, une méthode universelle ni surtout éternelle. Il y a, dans la vie de notre saint patriarche, mille traits qui s'expliquent par le milieu et les idées de l'époque ; tout cela est caduc, n'a plus de sens de nos jours, scandalise au lieu d'édifier, ne saurait donc se réaliser de nouveau. Mais pénétrez plus avant ; admirez cette règle morale que le doux mystique proclame avec une infatigable constance : Travail et

Charité ! « J'ai travaillé de mes mains,
« dit-il dans son Testament, et veux
« continuer, et je veux aussi que tous
« les autres frères travaillent à quelque
« métier honorable. Que ceux qui n'en
« ont point en apprennent un, non
« dans le but de recevoir le prix de leur
« travail, mais pour le bon exemple et
« pour fuir l'oisiveté.. » Sainte Claire,
sur son lit de mort, demandait à ses
sœurs de la soulever et soutenir pour
lui permettre de travailler encore. Or
vous admettez bien, je crois, que le
progrès de l'humanité est orienté dans
le sens indiqué par ces mots : Travail,
Charité ?

— Sans aucun doute, mais quel
abîme entre la vie de François, de Claire,

et celle qu'impose le progrès industriel de notre époque !

— Assurément ; François et ses compagnons furent avant tout des artistes mystiques ; leur travail revêtit la forme que déterminaient leur nature et le milieu dans lequel ils vivaient. Ils soignaient les lépreux, aidaient les gens de la campagne au moment de la moisson, de la vendange, de la cueillette des olives ; frère Egide se faisait au besoin porteur d'eau ou balayeur ; frère Junipère avait une alène et gagnait sa vie à raccommoder les chaussures... tout cela ne ressemble guère au dur travail de la mine ou de l'usine, mais ce n'en est pas moins, étant donné, je le répète, le milieu et les

circonstances, la catégorique affirma-
tion de la loi sacrée du travail à laquelle
nul ne se doit dérober. Le réformateur
de l'avenir, lorsqu'il s'écriera : Travaillons, travaillons de nos mains ! ne
fera que répéter l'habituelle recomman-
dation de François à ses frères. Quant
à la charité...

— Oh ! sur ce point, mon Père, il
il n'est pas besoin de longues explications. Depuis longtemps j'ai compris
que le vice de notre civilisation indus-
trielle, ce n'est pas l'industrie, le travail
ou la richesse, mais l'égoïsme. Si les
hommes s'aimaient vraiment les uns
les autres, ils ne voudraient du bonheur
qu'à la condition de voir leurs frères
heureux ; dès lors, ils n'auraient plus

l'idée d'augmenter leur fortune d'une manière indéfinie, ils ne spéculeraient pas sur le besoin de l'ouvrier pour fixer les salaires, ils ne prélèveraient point sur les fruits du travail une part exorbitante nullement en rapport avec leur effort personnel ou leurs risques individuels ; le point d'honneur serait d'accomplir la noble mission du travail en commun et non, comme aujourd'hui, d'afficher un luxe insensé et d'essayer de ruiner ou de détruire ses semblables. Tous travailleraient, mais tous auraient le temps de s'instruire, de se reposer et de profiter des jouissances que la vie d'ici-bas procure actuellement aux privilégiés seuls. Et voilà ce qui, à mes yeux, fit de François non pas un merveilleux organisateur, un très prudent et sage administrateur, comme le fut plus tard Vincent de Paul, mais un progressiste, un vrai réformateur ; il ne se borna point à verser l'huile et le vin sur la plaie, il voulut rendre impossible l'existence de ceux qui blessent et meurtrissent l'humanité ; il prétendit changer, réformer l'état social, non en le bouleversant par la violence, mais en détruisant ce qui le vicie et l'empoisonne : l'égoïsme. De sorte que le saint de l'avenir, quand même il ne marcherait pas nu-pieds et ne porterait pas un sac et une corde, en réalité, ne saurait être qu'un nouveau François adapté à des conditions sociales et intellectuelles différentes, mais animé du même esprit, obéissant à la même impulsion?

— Je le reconnais, mon Père ; toutefois n'avez-vous pas indiqué vous-même l'insurmontable difficulté ? « Les « conditions intellectuelles » avez-vous dit. Or le progrès de la pensée réfléchie n'est-il pas en flagrante contradiction avec tout mysticisme et toute charité ? Ne sera-t-il pas aussi impossible au futur saint François de vivre dans une société scientifique, vraiment intellectuelle et critique, qu'à l'oiseau de subsister et de voler dans le vide ? A l'alouette qu'affectionnait François, il faut l'air, la lumière, les hauteurs indéfinies de l'espace ; à l'âme mystique, le charme et l'indéfini des mythes et des légendes. Or la critique, mon Père, a tué les légendes, et la réflexion philosophique, laissez-moi vous parler en toute sincérité, a fait évanouir les vieux mythes religieux sur lesquels se fonde votre théologie.

— Parlez, cher fils ; oui, soyez sincère ; c'est la première condition de toutes les vertus chrétiennes ; donnez-moi quelques exemples qui me permettent de me faire une idée de ces difficultés, de ces impossibilités, qui s'opposeront désormais, dites-vous, à toute floraison de vie religieuse.

— Puisque vous y consentez, je choisirai deux exemples, mais, je vous en avertis, je vais droit au cœur du sujet. Et d'abord un exemple de critique appliquée à la résurrection du Christ. Notez-bien, mon Père, que je ne me demande pas si, *à priori*, la chose est possible ou impossible..... Notre pauvre intelligence, en dehors des impossibilités logiques, ne sait rien, absolument rien, sur les impossibilités réelles. « Si une chose existe, « c'est qu'elle est possible », disaient les scolastiques et c'est, en effet, tout ce que l'on peut dire. Mais un fait n'est un fait que s'il est convenablement attesté ; or, si j'ouvre les Evangiles sans prévention, qu'est-ce que j'y trouve relativement à la résurrection du Christ ? Des divergences ou contra- dictions que l'on n'arrive à pallier que par des prodiges de subtilité, de vrais tours de force exégétiques. L'apparition à Magdeleine est racontée d'une façon tout autre par Jean que par Matthieu et afin de mettre d'accord Matthieu et Luc au sujet des visions des saintes femmes, il faut supposer, uniquement pour les besoins de la cause, qu'elles formaient plusieurs groupes distincts. Luc, d'ailleurs, ne connaît que les apparitions à Jérusalem ; rien de la Galilée. C'est en Galilée, au contraire, que, d'après Matthieu et Marc, Jésus donne rendez-vous à ses Apôtres ; c'est en Galilée qu'ils reçoivent la mission de prêcher l'Evangile par toute la terre, scène solennelle que l'auteur de la finale de Marc semble avoir localisée près de Jérusalem. Tous ces détails

contradictoires trahissent un remanie-
ment, une altération des témoignages
primitifs, ou tout au moins le trouble,
la surexcitation de l'imagination,
l'absence de cette observation calme et
méthodique sans laquelle un fait,
surtout un fait surnaturel, ne saurait
être constaté. D'ailleurs, les yeux qui
ont vu le corps du Christ ont aussi
attribué des corps aux Anges, des
corps étincelants comme l'éclair et des
vêtements blancs comme la neige; les
Apôtres ont contemplé le Christ
montant dans les airs, saint Paul l'a
entendu lui parler du haut du ciel,
comme si le séjour de Dieu, selon
l'antique croyance chaldéenne, était
situé au-dessus du firmament, voûte

solide à laquelle seraient accrochées
les étoiles... Voilà qui suffit à déter-
miner la vraie portée, à donner le *ton*
de ces passages de l'Evangile; il s'agit
évidemment de visions, non de percep-
tions réelles. Je ne conteste donc point
la sincérité des premiers disciples, je
n'attaque pas leur foi si profonde, si
joyeuse, si féconde, en la résurrection
de leur Maître. J'affirme seulement
que nous n'avons aucun témoignage
qui oblige à considérer cette résurrection comme un fait d'ordre physique,
matériel. Il serait facile d'étendre
l'emploi de cette réflexion critique à des
questions analogues; je préfère arriver
de suite à l'autre exemple, d'ordre
métaphysique, sujet capital, certes,

fondamental : l'existence de Dieu. Vous frémissez d'indignation...

— Nullement, cher fils, et je vous dirai tout à l'heure pourquoi vos hardiesses me laissent calme et confiant.

— Vous me rendez confiance à moi-même. J'avais peur que les plus vénérables des habitudes acquises vous inspirassent une insurmontable répugnance à l'égard de toute critique appliquée à cette croyance universelle et nécessaire de l'humanité. Les expressions dont je me sers vous prouvent que ce n'est pas en sacrilège que je touche à l'arche sainte ; doué d'intelligence et de réflexion, je crois rendre hommage à la Divinité en usant de cette intelligence et de cette réflexion pour contrôler ce que les hommes ont affirmé relativement à son existence et à ses attributs. Je pourrais reprendre l'éternelle objection : l'existence d'un Dieu bon est incompatible avec celle de tous les maux qui nous torturent. De fait, on ne s'est jamais tiré de la difficulté qu'en escamotant les droits de l'individu au profit de l'espèce. Dieu n'agirait que par des lois générales. C'est inacceptable, car on n'a pas le droit, en métaphysique, d'escamoter même un atòme. Ou bien, on affirme que l'individu trouvera compensation à ses maux dans une autre existence ; or c'est un cercle vicieux, car on prouve d'autre part la réalité de la vie future en s'appuyant sur l'idée d'un Dieu bon et juste. Mais laissons cette difficulté et envisageons l'ensemble des arguments que l'on appelle les preuves de l'existence de Dieu. A la vérité, ils nous font sentir qu'il est quelque chose au-delà des phénomènes et des séries de causes secondes ; ce quelque chose nous est manifesté par un sentiment *sui generis* que nous appelons sentiment ou idée de l'absolu, de l'infini, du parfait. Nous le possédons, ce sentiment, puisque nous distinguons nettement l'infini de l'indéfini, par exemple, ou de l'inconnu. Sans doute, mais qu'est-ce que cet infini, cet absolu, ce parfait ? Impossible, complètement impossible d'articuler quoi que ce soit. Il y a, je le sais, les analogies, les images, mais pour en user sans trop d'inconvénients, force est bien d'adjoindre à ces notions d'origine psychologique : puissance, bonté, causalité, etc.., un adverbe ou un adjectif et de dire : *infiniment* bon, *tout* puissant, cause *première*, raison *suffisante*... Or ces adverbes et adjectifs réintroduisent précisément la notion d'infini, d'absolu, qu'on prétendait expliquer. Avouons-le donc, ce sentiment primitif de l'infini, de l'absolu, défie toute analyse. De la notion d'espace, le géomètre peut tirer celles de plan, de ligne, de point ; de l'absolu, le métaphysicien ne saurait tirer que l'absolu. Qu'il égraine, s'il le veut, le riche chapelet de synonymes : infini, parfait, idéal, il ne fait que se répéter ; ce n'est pas une analyse, c'est une tautologie. Le métaphysicien devrait donc se borner à conclure : Nous avons du divin une notion irréductible et cette notion possède une valeur objective tout autant que nos sensations. Pas plus que nos catégories de temps et d'espace, pas plus que nos impressions sensibles, elle ne saurait être traitée de vaine illusion. *Et c'est tout.* Le surplus est du domaine de l'image et du mythe. Or l'image est vraie en tant qu'elle se peut associer à un sentiment vrai ; en elle-même, elle n'est qu'une fiction et ne doit pas être prise pour une réalité.

— Mais les théologiens ont toujours

fait cette distinction entre l'image et l'idée...

— Ils l'ont faite *en théorie* ; en pratique, ils ont traité l'image comme une réalité objective ; ils ont tiré des conclusions relatives à la bonté, l'intelligence, la puissance divines, comme si l'on pouvait appliquer à des images le raisonnement logique ! Dieu, le roi du ciel, conçu à la ressemblance d'un monarque oriental, accordant ses faveurs, ses « *grâces* », à qui lui plaît, faisant des prodiges au bénéfice de tel ou tel, voilà l'antique image chaldéenne et judaïque qui est la base de votre théologie. Au lieu de l'envisager comme une chose en soi, rendez à ce mythe sa vraie valeur, sa valeur *d'analogie* dont parlent les théologiens eux-mêmes ; je ne m'oppose plus alors à ce que l'on s'en serve, moyennant les explications nécessaires, dans les chants, la poésie, le culte, mais avouez qu'il ne représente pour la pensée pure qu'un symbole dont les éléments sont empruntés à une forme de civilisation depuis longtemps dépassée, à une conception de la royauté qui nous répugne.

— Vous admettez bien toutefois que l'infini est la cause du fini et que, la cause devant contenir éminemment ce qui est dans l'effet, on a le droit de dire que Dieu est infiniment bon, puissant.....

— Appliquer à l'Infini les concepts de

causalité, d'intelligence, de bonté, etc.,
fournis par l'expérience, ce n'est pas plus
avoir une idée que de dire: cercle carré.
Infiniment bon, infiniment puissant,
équivalent à infiniment fini. Appeler
Dieu la *première* cause, c'est l'inféoder
au temps comme c'est l'inféoder au
nombre que de soutenir avec les
panthéistes que Dieu et le monde ne
font qu'*une* substance. Au point de vue
de l'intelligence pure, nous pouvons et
devons seulement affirmer que l'esprit
humain n'exprime pleinement sa
conscience de l'être que par le doublet:
fini *et* infini, comme par cet autre:
subjectif *et* objectif — tout aussi légiti-
mement. Quant aux rapports du fini et
de l'infini, la pensée pure n'en saurait

rien dire, sinon que le fini a sa raison d'être dans l'infini et qu'ils se concilient d'une manière qui demeure pour nous mystère impénétrable. Tout le reste est image et mythe. Or ce sont ces images, ces mythes, qui, naïvement pris à la lettre, ont excité l'enthousiasme, nourri la charité d'un François et d'une Claire; ces mythes évanouis, le mysticisme pourra-t-il subsister ?

— Mon ami, tant que l'homme ne sera pas un pur esprit, la pensée pure demeurera une abstraction. L'imagination et la sensibilité sont essentielles à l'homme aussi bien que la raison. Le « Dieu sensible au cœur » symbolisé par les images un peu grises de la métaphysique, par celles plus colorées de la religion, n'est donc pas près de disparaître de la conscience de l'Humanité. J'en dis autant du sentiment de notre dépendance par rapport à l'infini, dépendance symbolisée par la prière sous forme de demande. D'ailleurs, n'attribuez-vous pas au symbole, au mythe, plus d'importance qu'il n'est convenable? Ce n'est point le miroir qui fait la beauté du visage et ce n'est pas le mythe qui donne sa valeur à l'âme. Frère Élie admettait les mêmes mythes que saint François et leurs vies furent si différentes ! C'est l'âme vivante, bonne et belle, qui fait la bonté et la beauté du mythe, en l'interprétant. Et quand elle ne peut plus se retrouver, se reconnaître dans un mythe et s'en servir, comme parlent vos savants, pour s'auto-suggestionner, elle le délaisse et en crée d'autres. Ce merveilleux pouvoir idéalisateur et créateur de l'âme humaine n'a point de bornes et voilà pourquoi je ne suis pas inquiet relativement aux saints de l'avenir.

— Mais, pour vous-même, qu'en pensez-vous, mon Père ?

— J'appartiens, mon cher fils, à une génération qui a pris, elle aussi, à peu près à la lettre les formules métaphoriques et mythiques. Je ne parviendrai jamais facilement à en dégager mon esprit ; néanmoins, je comprends les exigences d'une pensée plus exercée, plus approfondie, et vous avez reconnu vous-même que si les théologiens ont versé, en pratique, dans l'ornière populaire, en théorie, ils ont fait déjà les distinctions dont est si fière la philosophie moderne. La formule : « Dieu n'existe pas, il est », se trouve équivalemment dans les écrits du pseudo-Denys l'Aréopagite, et c'est l'Apôtre saint Paul qui parlait du « Divin » aux Athéniens sur la colline d'Arès. Il y a donc des jalons et comme des pierres d'attente pour les constructions de l'avenir. Quels sont, du reste, les résultats de votre implacable critique? Jésus n'est pas matériellement ressuscité ; mais qui soutient encore de nos jours qu'il soit matériellement « descendu dans les régions inférieures de la terre », comme l'enseigne pourtant saint Paul ? Vous ne niez point le fait même des visions que confirment tous ces témoignages d'ailleurs si divergents quant aux détails ; or, pour employer les expressions de l'un de vos penseurs, rien n'empêche de considérer ces visions comme des « hallucinations véridiques. » Elles se seraient produites dans l'imagination des Apôtres et des disciples sous l'influence de leur conviction — conviction justifiée par les faits, ayant donc une valeur objective — que le Christ vivait désormais de la vraie vie et agissait en eux et par eux pour fonder son Église. La même Force mystérieuse et divine qui créait par eux le Christianisme, créait en eux ces visions. Que les imaginations des premiers chrétiens aient revêtu un caractère judaïque fortement accusé, que les disciples n'aient pu se représenter leur Maître survivant autrement qu'avec un corps matériel qui, tout éthéré que nous le représente saint Paul, n'en est pas moins un corps, que cette survivance par conséquent ait pris la forme d'une résurrection, rien à cela de surprenant. Si donc la résurrection cesse d'être considérée comme un fait d'ordre physique, elle demeure un fait d'ordre idéal et conserve, sous son revêtement imaginatif, toute sa valeur. Votre critique, bien loin d'anéantir les dogmes, les purifie ; elle les recrée, les réinvente, les revêt de nouvelles formes moins matérielles, plus psycho-logiques, et toujours le même fonds divin de conscience trouve en eux son expression. J'en dirai autant de votre métaphysique : le mythe du Dieu personnifié s'évanouit, le sentiment et l'existence du Divin subsistent inébranlables, inattaquables. Que si, pour satisfaire votre imagi-nation de philosophe, au lieu de dire : je crois en Dieu, vous préférez dire : je crois à la valeur objective de l'idée de Dieu, je n'y vois pas d'inconvénient, sauf si vous parlez à des simples qui ne vous comprendront point.

— Ce n'est pas mon imagination de philosophe que je satisfais, mon Père, c'est ma conscience que je soulage. Eh bien ! non, nous n'en voulons plus de ce Dieu infiniment juste qui punirait les crimes jusqu'à la quatrième génération et se permettrait tous les arbitraires, toutes les partialités ; de ce Dieu infiniment bon qui torturerait l'éternité tout entière ceux qui ne l'ont pas aimé ! Nous prétendons chercher et trouver une manière moins dangereuse, moins sujette à l'abus, d'objectiver notre sens du Divin. Cette première formule modifiée, les autres se transformeraient d'elles-mêmes. Par exemple, si nous employions, au lieu de l'image populaire l'image stoïcienne — vous voyez, mon Père, que je ne m'illusionne pas; j'accepte la nécessité où nous sommes de ne pouvoir penser sans image — si, dis-je, au lieu de parler d'un Dieu personnel, nous parlions de l'éternelle Loi d'après laquelle la beauté, la bonté, la justice, se réalisent dans le monde, la Prière ne serait plus la supplication d'un mendiant intéressé, mais l'effort énergique, accompagné de paroles et de souhaits, pour cette réalisation du Bien; le Miracle, sa réalisation même où éclate évidemment une force supérieure à celles que nous voyons en jeu dans les combinaisons purement mécaniques.....

— Et l'Evangile, la Morale ?...

— L'Évangile, mon Père, il serait de la sorte débarrassé de sa gangue de croyances populaires et de prestiges magiques ; il deviendrait l'incontestable révélation du Divin par la vie et la mort du Christ, la proclamation incomparable de la Loi de justice et d'amour ; dès lors, il serait accepté de toute conscience droite. Et la moralité deviendrait une moralité vraie, car l'homme se soumettrait librement à sa Loi, non parce qu'un maître la lui impose, mais parce qu'il en sent la valeur ! Vous-même, vous fieriez-vous à un homme qui serait juste parce qu'un Dieu a changé l'eau en vin ? Le Dieu-gendarme que l'on prêche au catéchisme convient à des sauvages, non à des êtres libres. Mais, hélas! on s'inquiète bien de rendre intelligentes et libres les masses populaires! Ce que cherchent, au contraire, les conservateurs qui ont, pour ainsi dire, domestiqué à leur profit la religion, c'est à restreindre et à entraver. la réflexion, de peur que l'on ne touche aux vieilles images sur lesquelles reposent leurs privilèges et leurs conventions morales Quant aux simples, aux humbles, vous sentez bien que je n'ai point l'intention de me séparer d'eux. Je crois trop à l'intime communion de tous les êtres pour m'enfermer dans ma personnalité orgueilleuse et pourtant moralement si indigente. Je veux prier avec eux ; tout ce que je réclame, c'est le droit d'envisager comme relative et transitoire, réformable par conséquent, leur manière de parler de Dieu. Je ne suis pas agnostique, puisque j'affirme le Divin ; mais qu'est-ce que le Divin ? La conception que j'en formule est imparfaite et subordonnée à ma constitution physique et intellectuelle ; dès lors, je ne saurais trouver non plus l'absolu et le définitif dans le Christ lui-même ou dans l'Église qui le représente et continue. La vérité est dans le Christ et dans l'Église, je le reconnais, mais elle n'y réside que dans l'orientation générale donnée à la pensée et à l'activité ; il reste à adapter cette direction aux conditions scientifiquement constatées de la réalité.

— Mais, cher fils, saint Paul l'a proclamé il y a longtemps : « Actuel- « lement, nous voyons au moyen d'un « miroir, d'une manière obscure ; plus « tard nous verrons face à face.... « Alors, les prophéties prendront fin, « les langues cesseront, la connaissance « disparaîtra, car nous connaissons « partiellement et nous prophétisons « partiellement, mais quand ce qui est « parfait sera venu, ce qui est partiel « disparaîtra..... Seule la Charité « est éternelle » (I. Cor. XIII).

— Ah ! sans doute, mon Père, mais aussitôt lu, aussitôt oublié ; le théologien n'en est pas moins arrogant, l'Eglise moins intolérante, moins despotique, moins impérieuse dans sa prétention à transformer le croyant en automate religieux.

— Mon cher enfant, c'est le cas de vous dire avec l'Ecriture : « Allez « voir les fleurs des champs, comme « elles croissent » d'une manière lente et imperceptible ! C'est aussi la loi du progrès dans l'Humanité. Sept cents ans avant Jésus-Christ, le prophète Osée disait déjà au nom du Seigneur : « Ce que je veux, ce ne sont pas les « sacrifices, c'est la bonté. » Et les nations chrétiennes en sont encore à s'entre-égorger !.... Affirmons donc l'Idéal, mon ami, mais sachant par notre expérience personnelle combien il en coûte de le mettre en pratique, n'ôtons pas à l'Humanité les moyens si humbles, si imparfaits soient-ils, qui l'aident à en réaliser quelques traits. A ceux qui les acceptent machinalement, par pure habitude, ou sans les comprendre, expliquons le vrai sens, la haute portée morale des dogmes, des cérémonies qui nous viennent du Christ. Croyez-moi, leur contenu idéal n'est pas près d'être épuisé; je puis donc — et je dois — en user sans que l'on me taxe d'hypocrisie. D'ailleurs, si j'ai foi en l'Evangile, j'ai foi en la Raison, et je salue de loin le jour où les découvertes de la critique et des sciences naturelles ayant été vulgarisées, l'Eglise en tiendra compte dans les formules de son enseignement. Laissez à ce grand organisme humano-divin le temps d'éliminer certains éléments désormais sans valeur qu'il s'était assimilés à Jérusalem, dans la vieille Rome, à Byzance ou pendant le moyen-âge. Alors enfin s'effectuera la conciliation de la religion et de la science, parce que leur rôle réciproque sera nettement compris : à la religion d'entretenir dans les âmes le sens de l'idéal, de ce qui *doit* être ; à la science de nous faire connaître clairement les exigences de la réalité ; à l'individu, de se rendre maître consciemment de ces deux forces, de

les unir, de les composer entre elles
et de vivre d'après leur résultante.
Plus l'Humanité progressera, mieux on
comprendra que l'Evangile, l'Eglise,
ne sont pas des machines distribuant
toutes faites la vérité et la force
morale, mais des secours providentiels
destinés à soutenir, exciter, l'individu
dans son effort continuel vers le mieux.
Car rien ne se fait, aucun progrès ne
se réalise, que par l'individu ; d'autre
part, comme dans toute évolution
véritable, le progrès ne peut s'imposer
du dehors et de vive force ; il doit
venir du dedans. « L'Eglise, répète
« souvent un de mes amis, l'Eglise,
« un jour, fera *son* protestantisme, et
« celui-là sera la fin de l'autre. » Encore

une fois donc, je vous le recommande, ne brisez point avec la vieille tradition catholique ; soyez de ceux qui peuvent dire avec le Christ : « Je ne suis pas « venu pour détruire, je suis venu pour « amener les choses à leur perfection. » Mais voici la basilique ; entrons et, chacun à notre manière, prions !

Nous pénétrâmes dans l'église inférieure et après avoir jeté un regard sympathique aux fresques de Cimabue, de Giotto, de Simone Martini, nous descendîmes dans la crypte construite au commencement de ce siècle au-dessus des restes du petit pauvre d'Assise : des colonnes grecques, des dorures, une voûte peinte en vert...... Je haussai les épaules en regardant le bon capucin. Il me répondit par un sourire qui signifiait : Soyez plus indulgent ! Ce qui vous exaspère, c'est ce qui vient des hommes ; élevez plus haut votre cœur !... Je me mis à genoux. Le Divin, pensai-je, est inépuisable. Sous quelle forme se réalisera sa nouvelle épiphanie ? Et quel sera l'élu, le héraut de l'Evangile mieux compris, qui remplira les cœurs de joie et d'amour ? Un pauvre, un simple d'Ombrie, comme jadis ?.... Ou plutôt, un ouvrier de nos usines ?.... Et les paroles du psalmiste me vinrent aux lèvres : « Envoyez votre « esprit, votre souffle créateur, et vous « renouvellerez la face de la terre ! »